Les quatre dragons

Autrefois en Chine, il n'y avait pas d'eau, ni lac ni fleuve, uniquement la mer de l'Est dans laquelle vivaient le Dragon Noir, le Dragon Trop loin, le Dragon de Perle et le Dragon Jaune. Les gens, manquant d'eau, firent des dons à l'empereur pour qu'il envoie de l'eau. Les dragons allèrent le trouver et lui demandèrent de faire venir la pluie. L'empereur écoutait de la musique et il acquiesça pour qu'on le laisse tranquille, mais ne fit rien. Deux semaines passèrent et les dragons décidèrent de recueillir l'eau de la mer dans leurs bouches pour arroser les terres : la vie revint enfin en Chine. L'empereur, furieux, riposta, il fit isoler les dragons sur quatre montagnes, une pour chaque région de Chine. Alors les dragons se changèrent en fleuves et ils coulent encore aujourd'hui : Heilung Kiang, Huang Eu, Yangtze Kiang et Xi Jiang.

Chine

La girafe
orgueilleuse

Il était une fois, une très belle girafe, très orgueilleuse. Elle n'aidait jamais personne et se promenait partout en disant : « Regardez-moi, je suis la plus grande ! » Un jour, le singe décida de lui donner une leçon : il conduisit la girafe à un palmier et lui conseilla de manger les dates les plus douces, celles du sommet de l'arbre. La girafe avait beau essayer de tendre le cou, elle ne réussissait pas à les atteindre. Alors, le singe bondit sur son cou, grimpa sur sa tête et cueillit les fruits. Redescendu, il dit à la girafe : « Certes, tu es la plus grande et la plus belle, mais toi aussi, tu as besoin de l'aide des autres. » La girafe a compris la leçon et, depuis ce jour, elle est très gentille et elle se soucie toujours des autres animaux.

Afrique

Le gros éléphant

Il y a très longtemps, en Afrique, l'éléphant n'était pas le plus gros animal… c'était le plus tyrannique ! Un jour, les habitants de la savane exaspérés, décidèrent de lui donner une bonne leçon. Ils préparèrent un grand banquet pour l'éléphant et pendant qu'il mangeait, ils l'encerclèrent et ils le rouèrent de coups de bâton. L'éléphant, tuméfié et tout gonflé, plongea dans le fleuve pour soigner sa douleur. Hélas, une fois guéri, il aperçut avec effroi son reflet dans l'eau : il était resté énorme et tout gonflé. Seules ses oreilles étaient plates. Maintenant, il était vraiment le plus gros animal de la savane, mais il ne pouvait plus commander car tous savaient comment il avait été puni. Alors depuis ce jour, honteux, il va avec les oreilles basses.

Afrique

Le lion ingrat

Il était une fois un lion cruel qui tuait tous ceux qui l'approchaient. Alors le roi le fit capturer et les chasseurs l'enfermèrent dans une hutte. Un jour, alors qu'un voyageur passait devant la hutte, le lion le supplia de le libérer. Mais à peine sorti, il s'élança sur l'homme ! Les villageois accoururent pour les séparer et leur demandèrent des explications. L'homme et le lion racontèrent chacun leur version. Cependant, un loup qui avait tout écouté, proposa de retourner à la hutte pour que l'on reconstitue toute l'histoire. On fit entrer le lion dans la hutte et l'on referma soigneusement la porte avec le cadenas. Alors le loup lui dit : « Tu es un ingrat, une personne t'a libéré et tu as essayé de la dévorer. Tu resteras ici, pendant que le voyageur, lui, s'en ira. »

Afrique

Le cheval et le fleuve

Il était une fois un poulain qui sortait pour la première fois de son écurie : sa mère lui avait demandé de porter un sachet de blé au moulin !Chemin faisant, le poulain découvrit un fleuve. Curieux, il demanda à un vieux bœuf, s'il pouvait le traverser. « Certainement, répondit le bœuf, l'eau m'arrive aux genoux. » Mais un écureuil qui avait entendu, le gronda: « Surtout pas, le fleuve est très profond, mon ami s'est noyé. » Le poulain intrigué alla questionner sa mère qui lui dit: « Mon fils, réfléchis. Le bœuf est grand et il pense que le fleuve est peu profond. En revanche, l'écureuil, qui est tout petit, pense que l'eau est trop profonde... » Alors le poulain repartit vers le fleuve, et il découvrit qu'il n'était ni peu profond, comme le disait le bœuf, ni trop profond, comme le disait l'écureuil, et il le traversa.

Chine

Pourquoi les
corbeaux sont noirs

Il y a très longtemps, les corbeaux étaient blancs et, ils vivaient postés sur le dos de leurs amis les buffles. De là, ils guettaient l'arrivée des chasseurs et alertaient les buffles pour qu'ils fuient. Le chef des chasseurs décida de le capturer le chef des corbeaux pour lui donner une leçon. Il noua une peau de buffle sur le dos de son petit-fils et l'envoya se cacher dans le troupeau de buffles. Quand les chasseurs attaquèrent, les corbeaux donnèrent l'alarme, et le jeune garçon resté seul réussit à capturer le chef corbeau. Il le ficela à une pierre et le roi des chasseurs le jeta dans un feu. La corde prit feu et le corbeau réussit à fuir, mais ses ailes furent noircies par les flammes. C'est pourquoi depuis ce jour, les corbeaux sont tout noirs.

Légende indienne d'Amérique

Le prince serpent

Il était une fois un roi et un vizir qui souhaitaient marier leurs enfants. Or le roi eut un serpent et le vizir une fille. Un jour, alors que la fille et le serpent jouaient ensemble, la peau du serpent tomba et la jeune fille put entrevoir un jeune homme qui aussitôt se retransforma en serpent et… disparut. Elle partit à sa recherche, jusqu'à un lointain château abandonné. Il y avait là un lion affamé qu'elle nourrit avec soin, des fourmis égarées auxquelles elle porta secours et des portes rouillées qu'elle huila. La jeune fille réussit ainsi à libérer son prince et les amoureux, enfin réunis, purent rentrer chez eux. Ils se marièrent et furent très, très heureux.

Perse

Preuve d'amour

Il était une fois une princesse très admirée qui avait de nombreux prétendants. Ils lui offraient des bijoux, des étoffes et des noix de kola dans l'espoir de l'épouser. Ne sachant pas lequel choisir, elle demanda à son père de prétendre qu'elle était morte, mordue par un serpent. Alors le roi organisa de fausses funérailles… Tandis que les prétendants revenaient et exigeaient de récupérer leurs cadeaux, un jeune homme pauvre se présenta. Il était très attristé par la mort de la princesse et il apportait des cadeaux. Le roi, ému, déclara : « Ma fille est vivante et maintenant je sais, qui est celui qui l'aime de tout son cœur »
C'est ainsi que le pauvre jeune homme épousa la belle princesse et l'on raconte qu'ils vécurent très longtemps et eurent de nombreux enfants.

Afrique

L'enfant d'or et l'enfant d'argent

Il était une fois un grand magicien, Niame, qui fit venir à lui les quatre plus belles femmes de son pays afin de choisir son épouse. Il demanda à chacune : « Que feras-tu pour moi si je t'épouse ? » La première, Acoco, dit qu'elle entretiendrait la maison, la seconde qu'elle cuisinerait, la troisième répondit qu'elle filerait le coton et la dernière, qu'elle lui donnerait un fils en or. Niame épousa la dernière et garda Acoco comme servante. La reine donna naissance à deux jumeaux : un d'or et un d'argent. Dans la nuit, Acoco, jalouse les remplaça par des grenouilles et alla abandonner les enfants dans la forêt. C'est un chasseur qui les trouva et qui devenu riche d'or et d'argent, les éleva. Un jour, il sut qu'ils étaient les fils de Niame et il les lui rendit. Niame punit Acoco en la changeant en poule et heureux d'avoir deux fils, il remercia le chasseur en lui offrant de splendides cadeaux.

Afrique

La jeune fille et le melon

Il était une fois un couple, qui vivait dans la forêt et qui n'avait pas d'enfant. Un jour, en faisant la lessive, la femme trouva un melon qui renfermait une toute petite fille, à peine née. Cette jolie petite fille grandit et devint très gentille et très belle. Par malheur, dans leur forêt vivait une ogresse, jalouse. Un soir, elle attrapa la jeune fille, l'enferma dans une caverne et prit son apparence. Les parents s'aperçurent bien vite que quelque chose n'allait pas : leur fille qui aimait tant les animaux était devenue très méchante avec leur chat Neko ! Heureusement Neko, malin, avait compris. Il partit dans la forêt et trouva l'endroit où l'on cachait sa maîtresse. Il la libéra et chassa la méchante ogresse. On ne la revit plus jamais !

Japon

Les huit tortues d'or

Il était une fois Wu Dun, un jeune homme pauvre, qui avait décidé de planter du maïs sur un arpent si raide et si dur qu'il eut huit cors sur les mains. Alors qu'il se lavait dans un étang, les cors se transformèrent en tortues d'or que Wu Dun laissa partir. Mais de retour chez lui, il les retrouva dans sa jarre de riz ! Des grains de riz sortaient de leurs bouches, Ils remplissaient la jarre de riz. Cependant, Wu Dun continua à cultiver son riz chaque jour. Shen Chang, un jeune homme malhonnête, vint lui voler les tortues magiques, surpris il remarqua que les tortues rentraient toutes seules dans son sac… Mais, dès qu'il prit le sac, elles le mordirent partout. Quand Wu Dun rencontra Shen Chang, il lui demanda ce qui lui était arrivé. Shen Chang se mit à pleurer, et ses larmes ressemblaient à des grains de riz.

Chine

L'oiseau à neuf têtes

Il était une fois une princesse qui fut enlevée un soir d'orage, par un dragon à neuf têtes. Le roi malheureux, promit qu'il donnerait la main de sa fille à celui qui la retrouverait. Un paysan avait vu le dragon cacher la princesse dans une caverne, mais l'endroit était inaccessible à une personne seule. Un homme lui proposa son aide, mais une fois la caverne atteinte, il le trahit et s'enfuit avec la princesse. Le paysan, resté seul, remarqua un étrange poisson qui aussitôt se transforma en jeune homme. Ce jeune homme lui donna une fiole et appela le dragon, son père. Et c'est juché sur le dos d'un dragon, que le paysan put sortir de la caverne et rejoindre le château. Arrivé devant le roi il démasqua l'imposteur en montrant dans l'eau magique de la fiole ce qui s'était passé. Le roi heureux lui accorda la main de sa fille, c'est ainsi que le paysan épousa sa princesse.

Chine

Le singe et la tortue

Il était une fois un Monsieur Tortue, très ami avec un singe et une Madame Tortue, jalouse, qui voulait les séparer. Un jour, elle se prétendit malade et dit qu'elle ne serait guérie que quand son mari aurait mangé le cœur d'un singe. Monsieur Tortue, malheureux, décida de sacrifier son ami. Il fit monter le singe dans sa barque pour traverser la mer, mais il était si triste que son ami lui demanda « Qu'est-ce qui ne va pas ? » Le singe répondit « Ma femme est en train de mourir et l'unique remède est ton cœur. » Le singe n'étant pas disposé à satisfaire cette demande, dit qu'il gardait son cœur chez lui dans un bocal. De retour sur terre, le singe monta sur un arbre et dit adieu à son ami. Monsieur Tortue eut la consolation de voir guérir sa femme.

Inde

Les trois poissons

Il était une fois trois poissons bien différents : le premier était intelligent, le second pas très futé et le troisième était sot. Un jour, alors qu'un pêcheur l'avait attrapé, le poisson intelligent retint son souffle, feint d'être mort et fut rejeté dans l'étang. Il se glissa sous une roche, il était sauvé. Le second poisson se fit expliquer ce qu'il devait faire, mais il oublia de retenir son souffle et le pêcheur le mit dans son seau. Le seau était à moitié fendu, et le poisson réussit à s'échapper et à rejoindre l'étang. Il y retrouva l'autre poisson.
Le poisson stupide fit comme les autres, mais le pêcheur le mit dans le seau sans vérifier s'il respirait, et il continua à pêcher. Quand il ouvrit le seau, il vit qu'il était mort et il le donna à son chat.

Arabie

Les caprices de l'aurore

On raconte que l'aurore, après s'être disputée avec les dieux, s'était cachée dans une grotte dont elle avait condamné l'accès avec une énorme pierre : elle refusait de sortir. Les dieux étaient désespérés : comment pouvait-on rester sans aurore ? Ils la supplièrent de sortir mais l'aurore ne voulait rien entendre, elle restait cachée. La déesse de l'amour, experte en caprices, eut alors une idée : elle fit placer un grand miroir à l'entrée et demanda au Dieu de la Guerre de rester aux aguets. L'aurore, en voyant que personne ne la cherchait, entrouvrit une brèche et vit qu'une très belle jeune fille la regardait. Alors, le dieu de la Guerre surgit, il la saisit par les cheveux et il la renvoya illuminer le monde de sa belle lumière orangée.

Japon

Le poisson Lune

Un jour, deux sœurs qui décidèrent de partir s'installer sur une île. La plus grande pensait y rester, mais la cadette était préoccupée : « Et la nourriture ? » Soudain, elles virent un poisson briller dans l'eau du lac et elles le capturèrent. Elles cueillirent des herbes et des légumes pour le cuisiner, mais à leur retour, le poisson avait disparu. Il s'était traîné jusqu'aux arbres, il rampait sur le tronc. Sa peau argentée brillait sous les étoiles. Il montait puis disparut derrière les collines. À la nuit tombée, les sœurs virent apparaître une lumière argentée dans le ciel. C'était le poisson, plus maigre qu'avant. Depuis lors, toutes les nuits le poisson Lune brille dans le ciel, il rapetisse jusqu'à disparaître puis réapparaît pour devenir rond.

Australie

Les filets des fées

Il était une fois un jeune homme nommé Kaucura, qui vivait dans une île où l'on pêchait le poisson avec un fil et un hameçon. Un jour, il découvrit une plage couverte de milliers d'arêtes et peu de traces de pas. Kaucura, curieux de savoir comment si peu de gens avaient pu pêcher tant de poissons, se cacha. À la nuit tombée, il entendit des voix. C'étaient des fées dans des canoës qui jetaient des cordes à l'eau. Elles accostèrent et tirèrent les filets vers le bord. C'était si lourd que Kaucura alla les aider. Mais au lever du soleil, elles fuirent et abandonnèrent les filets en découvrant Kaucura parmi elles. Depuis cette découverte, l'homme sait comment pêcher beaucoup de poissons en une seule prise.

Nouvelle-Zélande

L'ogre
Nung-Guama

Il était une fois une femme qui, tomba nez à nez avec l'ogre Nung-Guama, alors qu'elle apportait des gâteaux à ses amis. Il avait un corps de taureau, de grandes dents pointues et des yeux de feu. Il hurla : « Donne-moi tes gâteaux ! » Et comme elle refusait, il la menaça : « Je viendrai te manger ! » La femme s'enfuit mais il vint cogner à sa porte. Des gens lui conseillèrent de placer sur sa porte 20 aiguilles à tricoter, de répandre du fumier sur le seuil, de cacher deux serpents venimeux, dix œufs dans la cendre, une pierre de moulin sur le lit et de garder près d'elle un marteau. Quand il revint, l'ogre se piqua avec les aiguilles, glissa dans le fumier, fut mordu par les serpents, et les œufs lui éclatèrent au visage. Enfin, la pierre lui tomba sur la tête et la femme tua le gros ogre avec son petit marteau.

Chine

L’aigle et le crapaud

Un jour un aigle passa un accord avec un crapaud : le crapaud se chargerait d'aller lui chercher l'eau. Le crapaud accepta, mais confessa à l'aigle qu'il craignait d'être un jour trahi. L'aigle le tranquillisa et quelques mois plus tard, il alla dîner chez le crapaud.
Au matin, le crapaud s'aperçut que l'aigle avait pris sa hachette. Il alla raconter sa mésaventure au fleuve et l'aigle fut puni, il ne pouvait plus boire. Un jour, l'aigle rapporta la hachette et le crapaud lui demanda : « Pourquoi me la rends-tu ? » L'aigle répondit qu'il y était obligé pour, à nouveau, pouvoir boire. « Je savais, observa le crapaud, que tu me trahirais »

Afrique

Les pierres et les noyaux

Il était une fois un rabbin qui avait beaucoup d'enfants. Un jour, pendant qu'il était à la synagogue et que sa femme travaillait, un ours vint et mangea tous les enfants. Quand les parents rentrèrent, ils n'étaient plus là, ils les appelaient quand au loin, ils entendirent leurs petites voix qui suppliaient : « Nous sommes ici, dans le ventre de l'ours : venez nous délivrer ! » Les parents offrirent à l'ours de la farine, des gâteaux et de la viande fraîche. L'ours dévora tant qu'il s'endormit. Alors le rabbin lui ouvrit le ventre avec un couteau et délivra ses enfants. La femme les nettoya et les cacha. Les parents remplirent le ventre de l'ours avec des pierres et des noyaux, et ils le recousirent. Quand l'ours se réveilla, il s'en alla en gémissant : « Oh, que j'ai mal au ventre ! »

Tradition hébraïque

La coquille de l'univers

Il était une fois Tangaroa, son visage était tatoué et il vivait dans une coquille. Le soleil, la lune, la terre et les êtres vivants n'existaient pas encore. Un jour, Tangaroa ouvrit sa coquille et se mit debout en criant : « Qui est là ? », mais personne ne répondit. Il appela le sable, mais celui-ci n'existait pas. Alors, il souleva le dôme de sa coquille et forma le ciel, puis il créa le sable en émiettant des petits coquillages. Tangaroa créa le monde : Le ciel est la coquille qui contient le soleil, la terre et les étoiles. La terre est la coquille qui reçoit les roches, l'eau et les plantes. La femme est la coquille qui fait naître l'homme. Tout provient d'une coquille.

Océanie

Le grand serpent
et les hommes

Il était une fois le grand serpent Degei et sa Colombe noire qui rythmaient les journées. Quand Degei fermait les yeux, l'obscurité tombait et quand il les ouvrait, l'aube naissait. La colombe, elle, veillait et tous les jours elle le réveillait. Degei avait enseigné aux hommes l'art de construire des canoës et il les faisait travailler. Peu à peu, les hommes ne voulurent plus travailler, alors leur chef, Rokola, alla tuer la colombe pour que Degei ne soit plus réveillé. Quand enfin, il se réveilla, Degei chercha sa colombe mais elle avait disparu. Rokola lui cria que les hommes n'étaient pas ses serviteurs, et Degei, furieux, provoqua un énorme ouragan : les flots submergèrent l'île et seuls les sages qui avaient construit des canoës furent sauvés. Quand l'eau se retira, une nouvelle vie commença.

Îles Fidji

Maui et la course du soleil

Il était une fois Maui, un jeune homme décidé à ralentir le soleil car il trouvait qu'il courrait beaucoup trop vite. Un jour, il se mit à l'ouvrage et tressa une corde avec des fibres de coco. Il attendit que sorte le soleil et au premier rayon, il lança son lasso. Mais le soleil était trop fort et la corde se cassa. Maui prit alors toutes les fibres de toutes les noix de coco de l'île, et fit une corde plus robuste. Hélas, elle brûla. Enfin, il coupa les tresses de sa soeur Hina et prépara une nouvelle corde avec laquelle il réussit enfin à capturer le soleil. Celui-ci supplia pour être libéré, et Maui lui fit promettre de ralentir sa course. Le soleil tint parole et depuis, les journées sont plus longues. Les cheveux de Hina sont encore attachés au soleil : tu peux les voir descendre sur la mer quand le soleil se cache derrière les nuages.

Îles Cook

L'ours et le paysan

Il était une fois un paysan qui semait des navets dans un bois. Un ours menaçant arriva et exigea d'avoir la partie haute de la récolte, laissant seulement les racines au paysan. Quand la récolte fut prête, l'ours prit les fanes et le paysan les navets. L'ours lui demanda ce qu'il allait en faire et le paysan répondit qu'il pensait les vendre. Alors l'ours les goûta, et il s'exclama : « Tu m'as roulé ! Tu as la meilleure partie ! Ne reviens plus ! » L'année suivante, le paysan revint semer du seigle et quand moissonna, l'ours demanda sa part. Cette fois, il se fit donner les racines et laissa le reste au paysan. Mais, à nouveau, il ne sut que faire de son bien et depuis, le paysan et l'ours sont vraiment plus amis.

Russie

La chenille et les animaux sauvages

Un jour, une chenille entra dans la maison d'un lièvre. Quand il fut de retour, le lièvre, remarqua toutes les empreintes et demanda « Il y a quelqu'un ? » La chenille s'exclama: « Je suis un guerrier grand et fort qui écrase les rhinocéros et qui transforme les éléphants en bouse de vache. Personne ne peut me battre ! » Le lièvre, effrayé, s'enfuit à toutes jambes. Il rencontra le chacal et lui demanda de chasser ce guerrier de son terrier, mais le chacal eut peur. Alors vint le léopard, mais il n'eut pas plus de courage. Ils appelèrent le rhinocéros puis l'éléphant, mais eux aussi fuirent. Enfin arriva la grenouille qui dit en allant droit vers l'intrus: « Je saute très haut, je suis horrible ! » Alors la chenille avoua qui elle était et tous rirent de l'effroi qu'elle avait provoqué.

Afrique

Le chameau et la fourmi

Il était une fois un chameau qui traversait la steppe. En marchant, il remarqua une petite fourmi dans l'herbe. Ce minuscule insecte était en train de transporter une brindille dix fois plus grosse que lui ! La fourmi se donnait du mal pour réussir à porter la brindille mais ne semblait pas ressentir de fatigue. Le chameau lui dit : « Tu sais, petite, je t'observe et je t'admire beaucoup. Minuscule comme tu es, tu portes un poids énorme comme si de rien n'était, pendant que mes genoux flanchent alors que je ne porte qu'un sac. Comment fais-tu ? » La fourmi répondit : « Veux-tu réellement le savoir ? Je travaille pour moi, pendant que toi tu travailles pour quelqu'un d'autre. » Et elle reprit son chemin !

Arabie

Les cadeaux du soleil

Il y a très longtemps sur terre, n'existaient que les animaux quand soudain apparurent les hommes. Les animaux, mécontents, allèrent trouver le soleil pour obtenir compensation. Le soleil proposa : « J'exaucerai vos désirs, mais attention, vous ne pourrez pas revenir en arrière. » Le rat qui voulait des ailes, devint une chauve-souris, mais il se repentit parce qu'il ne pouvait voler que la nuit ! Le phoque qui ne voulait plus vivre sur la terre, eut des nageoires, mais il trouva les eaux bien froides... Le hibou demanda des yeux plus grands, et il fut très déçu car il ne supportait plus la lumière. Il était condamné à sortir la nuit. Le koala enfin, ne voulait plus de sa magnifique queue. Tous les animaux s'exclamèrent qu'elle était très belle, mais le soleil l'avait déjà coupée. Et pour toujours, le koala resta navré.

Australie

Kumaku et les géants

Il était une fois, une petite fille qui s'appelait Kumaku. Un soir, sa maman lui demanda d'aller remplir la coque d'une noix de coco avec de l'eau de mer pour saler leur repas. Elle lui recommanda de ne pas s'approcher des toiles d'araignées invisibles installées par les géants pour capturer les promeneurs. Kumaku décida de chanter à haute voix pour bien se faire entendre en faisant clairement savoir qu'elle se rendait à la mer pour y prendre de l'eau. Soudain, deux géants surgirent et ils l'emportèrent à la mer, où elle remplit sa coque. Quand elle eut fini, et alors qu'ils s'apprêtaient à l'emporter, Kumaku entonna une chansonnette magique. Le vent souffla, souffla, se déchaîna sur la plage, créant une tempête de sable qui aveugla les géants. Ainsi Kumaku pu s'échapper et elle courut à la maison rejoindre sa maman.

Îles Fidji

Les enfants du serpent arc-en-ciel

Il était une fois le serpent Arc-en-ciel, c'était le gardien du grand fleuve. Il autorisait les habitants à pêcher le poisson mais à une condition : que ce soit pour se nourrir, sans quoi ils étaient emportés par le fleuve. Toujours, après l'orage, le gardien et sa femme venaient saluer dans un grand arc coloré. Un jour, la terre se couvrit de grêlons et ces gens qui ne connaissaient pas la grêle eurent peur. Alors un enfant remarqua : « Regardez, ces grains sont en train de fondre, ils sont absorbés par la terre. » Mais personne ne l'écouta car il était trop jeune. Un homme âgé remua la terre avec un bâton et il trouva des vers. « Ce sont les fils du serpent Arc-en-ciel. Il a envoyé ses œufs sur terre. » Et depuis ce jour, tous pensent que les grêlons sont les œufs du serpent Arc-en-ciel.

Australie

La princesse des tours

Un roi, veuf, qui avait une petite fille s'était remarié avec une femme qui avait deux filles. Hélas, un jour le roi dut partir et la femme, qui était une horrible sorcière, transforma la jeune fille en souris et sa dame de compagnie en corneille. Ensuite, elle les fit enfermer dans une tour. Dans le royaume voisin, le Roi avait trois fils en age de se marier. À chacun, il donna une pomme d'or à lancer loin : en retrouvant les pommes, ils trouveraient l'amour. Les deux grands frères arrivèrent chez les filles de la sorcière, tandis que le dernier partit dans la forêt. Un chant de corneille le conduisit jusqu'à une tour, où il trouva une souris. Elle lui avoua qu'elle l'aimait et le prince lui demanda de l'épouser. Et alors qu'ils arrivaient au château… la souris se transforma en une splendide princesse.

Suède

Rosaline et Cunégonde

Il était une fois un roi veuf qui avait une fille nommée Rosaline et il était remarié avec une femme dont la fille s'appelait Cunégonde. Un jour, en se promenant, Rosaline rencontra trois colombes et elle leur offrit du pain. Les colombes, tissèrent des fils d'or dans ses cheveux, elles rendirent Rosaline deux fois plus belle. La belle-mère, jalouse, envoya Cunégonde à la recherche des colombes mais Cunégonde les chassa et rentra au palais encore plus laide : un crapaud lui sortait de la bouche dès qu'elle parlait ! Rosaline fut chassée. Elle vivait dans les bois, avec ses amis le cerf, le pin et le rossignol quand un prince les trouva et les invita dans son palais. La belle-mère, en rage transforma Rosaline en oie d'or, mais le cerf et le rossignol la piquèrent avec les aiguilles du pin et Rosaline, sauvée, épousa son prince.

Suède

Le fabricant d’or

Il était une fois, un savant qui enseignait dans la meilleure école de la ville. On murmurait qu'il savait transformer le métal en or. La rumeur arriva jusqu'au roi qui convoqua, en hâte le savant. Interrogé, celui-ci nia tout, dit qu'il ne savait rien et fut prestement jeté aux oubliettes. Le roi, têtu se déguisa en prisonnier et se fit enfermer avec le savant. Le roi réussit à lui soutirer la formule mais quand il révéla au savant son identité, l'homme fut si furieux qu'il se mit à expliquer à tous comment faire de l'or ! Très vite, tous les habitants de la ville furent très riches, si riches qu'ils devinrent paresseux : plus personne ne cultivait le blé qui se vendait à prix d'or. Rapidement, la ville fut ruinée, sa faillite fut telle, que plus personne ne l'habite à présent.

Arabie